AF329153

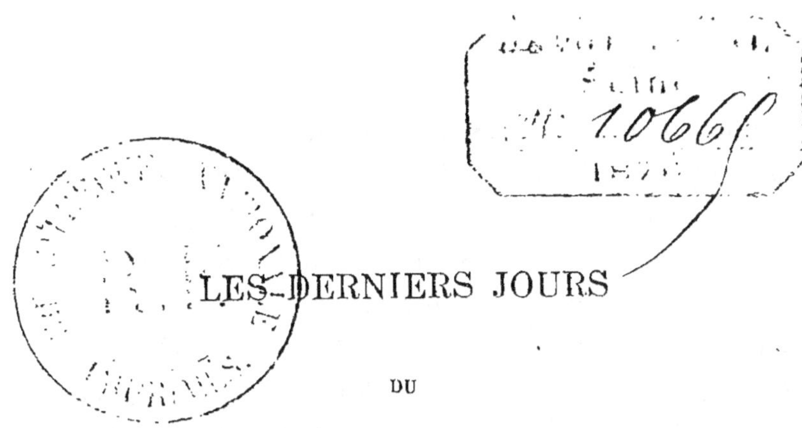

LES DERNIERS JOURS

DU

LIEUTENANT-COLONEL D.

De 1861 à 1875, les fonctions de directeur des archives au comité central de l'artillerie furent exercées par le lieutenant-colonel Jean D. C'était un type du vieux militaire : sa stature martiale, sa physionomie énergique et bonne faisaient reconnaître, à première vue, un de ces hommes francs et sérieux, fils de leurs œuvres, travailleurs infatigables et austères, qui jusqu'au dernier soupir seront appliqués à leur devoir. Sa vie avait été fort accidentée, et il avait éprouvé de grandes joies et de profondes amertumes; mais au terme de sa carrière, il connut la vraie et belle joie qui seule peut entièrement satisfaire le cœur de l'homme.

J. D. était né en 1803, à Riquewihr, un de ces pittoresques villages d'Alsace, situés au milieu des

vignes, sur les pentes verdoyantes qui descendent
des Vosges. Sa famille se trouvait alors réduite à
une condition des plus modestes; il vit ses parents
gagner leur pain quotidien par un travail pénible,
et lui-même fut de bonne heure obligé de partager,
dans la mesure de ses forces, leur vie laborieuse.
On sait ce qu'étaient les écoles au commencement
de ce siècle. Des maîtres fort peu lettrés initiaient
assez rudement la jeunesse aux quelques connaissances qu'ils possédaient. Le français était alors une
langue étrangère dans les campagnes de l'Alsace.
Au sortir de l'école, les meilleurs élèves savaient
lire et écrire l'allemand, un peu d'arithmétique et
le catéchisme. Le petit Jean ne reçut pas d'autre
instruction.

Après avoir fait sa première communion, il choi-
sit le métier de tisserand. Tantôt il faisait courir la
navette, tantôt il cultivait la vigne. Parfois, appuyé
sur sa pioche, il contemplait la magnifique vallée
du Rhin qui se déployait à ses pieds, et une voix
intérieure lui disait qu'une autre destinée l'attendait
dans ce vaste monde. Il alla consulter son pasteur,
M. Edel, qui lui portait une affection particulière.
Mais la conscription militaire trancha la question,
et malgré sa répugnance pour la vie de garnison, il
dut entrer dans le corps des pontonniers. Doué
d'une santé de fer, d'une force musculaire peu com-
mune, actif et intelligent, le jeune conscrit fut bientôt au fait de la manœuvre. Mais son ambition le
poussait plus loin; il résolut d'acquérir les connaissances qui lui manquaient. Ses officiers l'aidèrent de

leurs conseils, lui donnèrent des leçons; il apprit le français, les langues classiques, les mathématiques, et après huit ans d'efforts assidus, en 1832, il obtenait le brevet de sous-lieutenant.

Quoiqu'il reçût de ses supérieurs bien des marques d'estime, il songeait à quitter la carrière militaire; il n'était pas marié, mais il avait adopté ses neveux et ses nièces, et il rêvait aux moyens d'améliorer leur situation. Aussi lorsqu'il apprit, en 1844, qu'il se fondait sous les auspices du gouvernement belge, une œuvre de colonisation dans l'Amérique centrale, le capitaine D. demanda un congé et s'engagea dans cette entreprise qui offrait de riantes perspectives à son incessante activité et à ses vastes connaissances. Il passa huit années dans les forêts vierges du Yucatan; ce furent des années de luttes pénibles et d'amères déceptions. La carrière de tout autre eût été brisée par une si longue absence. Mais à son retour, l'administration militaire l'accueillit avec bonté, et en 1860, lors de l'expédition en Chine, il fut chargé de la direction du parc d'artillerie. Un trait peut faire juger de la confiance qu'il inspirait. Le bruit se répandit du naufrage du navire *l'Isère*, qui portait tout le harnachement du corps d'armée, et l'on craignit au ministère de la guerre que la campagne ne fût retardée de plusieurs mois; mais le chef du service écrivit : « Soyez sans inquiétude; le père D. est un artilleur de la vieille roche et un grand *débrouillard*, comme disent les marins. » Après cette expédition, où il avait été nommé lieutenant-colonel et officier de la Légion d'honneur,

l'âge de la retraite était arrivé; mais l'administration appréciait ses services, et elle lui confia le poste
de directeur des archives au comité central de l'artillerie.

Dans cette nouvelle position, sa vie intellectuelle
put s'épanouir richement. Les mathématiques lui
étaient familières; leurs applications multiples à
l'art militaire l'occupaient journellement. Il y joi-
gnit l'étude de l'astronomie, et quoique sa vue com-
mençât à s'affaiblir, il se privait parfois de sommeil
pour faire des observations dans le monde stellaire.
Il savait plusieurs langues; pendant sa dernière
campagne, il s'était appliqué à l'étude du chinois.
Il était membre de la Société linnéenne du nord
de la France. Il ne négligeait aucune occasion de
s'instruire, et l'on pouvait dire que son culte appar-
tenait à la science. Certes, sa vie morale se dévelop-
pait aussi. Il avait toujours été généreux; il em-
ployait son traitement à procurer à ses neveux et
nièces une éducation plus complète que celle du
village natal; beaucoup de ses compatriotes éprou-
vaient les effets de sa bienveillance. Tout ce qui est
noble et beau l'enthousiasmait. Toutefois, dans cette
vie si bien remplie, les préoccupations religieuses
n'avaient qu'un rôle effacé. M. D. était imbu de ce
qu'on appelle « les principes modernes. » Son évan-
gile était l'ensemble des progrès de la civilisation.
Cependant, il s'était toujours gardé de traiter le
christianisme avec cette indifférence dédaigneuse
qu'on s'imagine parfois être une preuve de haute
philosophie. Plusieurs membres de sa famille étaient

entrés dans la vie évangélique, et quand des amis chrétiens venaient converser avec eux, il prenait volontiers part à l'entretien, sans cacher les doutes qui l'arrêtaient. Doué d'un esprit investigateur, il ne se hâtait pas de conclure. L'étude de l'astronomie lui avait appris à révérer la sagesse, la puissance d'un Créateur; mais ces notions générales ne lui suffisaient pas. Lorsque s'ouvrit, à Paris, l'école libre des sciences religieuses, il se fit inscrire comme auditeur. « Je suis redevenu étudiant, disait-il, un étudiant septuagénaire. » C'était pour le professeur un aimable encouragement de rencontrer le regard lucide et incisif de cet auditeur couronné de cheveux blancs. On devinait en lui un homme qui aspirait à connaître le fond des choses; avec une patience inaltérable, il cherchait l'explication rigoureuse des premiers principes, il cherchait la vérité scientifique, intellectuelle. Un moment vint où ses vœux furent réalisés au delà de son attente : la vérité suprême rayonna dans son âme, et quoiqu'une douloureuse épreuve précédât ce bienfait, il fut accueilli avec une vive gratitude.

Le colonel avait conservé sa robuste santé; des infirmités de la vieillesse, il ne connaissait qu'une faiblesse croissante de la vue. Cependant les chaleurs extraordinaires de l'été de 1875 coïncidèrent pour lui avec l'achèvement d'un immense travail qu'il avait dû accomplir pour rendre compte des documents que l'Allemagne avait renvoyés des forteresses de Metz et de Strasbourg. Le 3 juillet, vers le soir, il traversait la place du Palais-Royal, quand il s'affaissa subitement sous le coup d'une congestion cérébrale. On le ramena chez lui ; mais il voulut monter seul à son appartement, pour ne pas effrayer sa famille. Le surlendemain il se rendit à son bureau, où il lui fut impossible de travailler, et il dut se soumettre aux prescriptions du médecin. Un ami, M. K., vint le voir et lui proposa de prier avec lui. Il accepta en silence ce service ; mais le soir il dit à sa sœur : « Je n'aime pas à recevoir beaucoup de visites, je n'ai pas le temps de les rendre. » Elle lui répondit : « Les personnes qui par affection chrétienne vont auprès des malades, des pauvres, pour les consoler ou les secourir, ne s'attendent pas à ce qu'on leur rende leurs visites. » M. D. pensait ne pas avoir besoin des consolations de la religion. « Je connais beaucoup de choses, répliqua-t-il, je sais ce qu'il en est. » Sa sœur s'écria avec tendresse : « Il te manque cependant encore une chose. Oh ! si tu avais étudié la Bible avec autant de soin que tu as mis à dévorer tes livres de science, tu eusses trouvé que Jésus-Christ a été envoyé par Dieu son Père pour sauver les pauvres pécheurs. » Le colonel ne répondit point. Il semblait, du reste, se remettre ; la société de ses neveux qu'il avait fait venir d'Alsace, la présence surtout d'un petit-neveu qu'il aimait beaucoup, contribuait à le distraire ; les forces et la gaieté lui revinrent, et pour se rétablir complétement, il résolut de faire un séjour dans son pays natal. Mais de nouvelles crises, plus violentes, éclatèrent. La proposition qu'on lui fit de quitter son poste aux archives l'affecta vivement. L'ami chrétien qui l'avait déjà visité, revint en ce moment, et le malade parut heureux de le voir. Cependant un autre ami ayant, le lendemain, amené la conversation sur la nécessité de la foi pour obtenir le salut, M. D. en éprouva du déplaisir, et plus tard il dit à sa sœur : « Ces visites ne me font pas de bien, parce qu'elles m'obligent à réfléchir. » La méditation fatiguait son cerveau, et sa conscience ne lui permettait pas d'opposer une simple fin de non-recevoir au message évangélique.

Ce furent sans doute ces réflexions mêmes qui le lendemain l'amenèrent à accomplir un sacrifice auquel il s'était jusqu'alors refusé. Après une dernière lutte intérieure, il écrivit la lettre par laquelle il se démettait de ses fonctions, se détachant par là des travaux qui étaient devenus pour lui une douce habitude et en quelque sorte une seconde nature. Bientôt après il reçut la visite d'un pasteur qui venait d'assister à la mort de M. Dieterlen. Il y avait plus d'un trait de ressemblance entre le militaire et l'industriel : même vie de dévouement, même abnégation; tous deux avaient poursuivi l'idéal; mais l'officier essayait de l'atteindre par la science, tandis que l'industriel avait dès son jeune âge cru à l'Evangile et sa foi puissante ne s'était pas démentie durant sa carrière si éprouvée. Le malade prit un grand intérêt à ce récit et parla de sa situation dont il reconnaissait toute la gravité. Le pasteur lui proposa de prononcer une prière; l'officier s'y associa avec recueillement, et serrant la main du ministre de l'Evangile, il s'écria : « Je suis parfaitement d'accord avec tout ce que vous me dites. »

A partir de ce jour il se montra de plus en plus accessible aux vérités et aux consolations du christianisme. Le lendemain, la lecture qu'on lui fit d'un récit publié dans la *Feuille religieuse du canton de Vaud* (1) produisit une profonde impression sur son esprit. La grandeur des compassions divines, la gratuité du salut le préoccupèrent longtemps ; pendant la nuit, il appela sa sœur, pour lui faire l'aveu de ses inquiétudes ; il craignait qu'il ne fût trop tard pour avoir encore part à la miséricorde de Dieu. Sa sœur lui rappela la parabole des ouvriers loués à des heures différentes, ceux de la onzième heure recevant la même récompense que les premiers (Ev. de S. Matthieu, XX). Cette parabole le calma. Il se la fit redire le lendemain matin, et durant le cours de la journée, il répétait : « Parle-moi des grandes compassions de Dieu ». Il demandait qu'on priât avec lui. Un jeune homme incrédule, qui vint le voir, s'exprima avec insouciance sur la mort ; M. D. lui dit : « Vous vous trompez, les choses se passent tout autrement que vous vous l'imaginez. » Un silence solennel suivit cette observation.

La nuit suivante fut particulièrement décisive pour le malade. Il méditait les mystères de la grâce, il s'entretenait avec son Père céleste ; il songeait à une nièce, que jadis il avait beaucoup affec-

(1) *La Gratuité évangélique, ou le Pasteur de Widerborg*. N⁰ˢ du 25 juin et du 4 juillet 1875.

tionnée et qui, sur son lit de mort, l'avait supplié de penser à son salut; il lui semblait la voir encore, l'entendre; sous cette influence bénie, les ténèbres qui avaient subsisté dans son esprit se dissipaient, et par un élan de vive foi, il venait à son Sauveur. A partir de cette nuit, la sérénité était entrée dans son cœur ; son visage rayonnait de bonheur. A différentes reprises, il s'écria : « Je puis maintenant dire avec joie, comme M. K. : Je possède la paix de Dieu. » Sa nièce, qui priait près de lui, ayant dit : « Nous venons à toi, ô Dieu, comme de petits enfants, pour recevoir tout de ta main, » il répéta avec ferveur : « Oui, mon Dieu, comme de petits enfants. » Il ne pouvait, se lasser d'écouter la lecture de l'Evangile, et ayant entendu le premier verset du huitième chapitre de l'Epître aux Romains (Il n'y a donc maintenant aucune condamnation) et les versets 35 à 39 (Qu'est-ce qui nous séparera de l'amour de Christ?) il les fit souligner à l'encre rouge, ajoutant: «Ce sont là mes versets. » Puis il dicta cette déclaration : « Je me confie sans réserve au Tout-Puissant, mon Père, bon et miséricordieux, et je puis dire avec Jésus-Christ : Père, je remets mon esprit entre tes mains. » Cet écrit devait être remis au pasteur qui l'avait visité et qui avait dû s'absenter de Paris. Comme plusieurs personnes venaient s'entretenir avec lui, il dut demander qu'on ne les introduisît plus dans sa chambre; il avait besoin de se recueillir, de se réfugier dans la paix que Dieu lui avait accordée. Cependant il fit entrer cet ami dont la visite lui avait naguère causé du déplaisir, et il lui dit : « Je vous ai fait de la peine la dernière fois que vous êtes venu me voir. Je vous disais que je ne comprenais pas ce que signifie le mot croire ; à présent je sais ce que ce mot veut dire, et je crois. J'ai trouvé Christ mon Sauveur ; il m'a accordé le pardon de mes péchés et m'a donné une indicible paix. Je resterai inflexible dans ma foi. Toute ma vie j'ai cherché la vérité loyalement, franchement. Je me suis laissé entraîner par les occupations, par les distractions du monde et des affaires. J'ai eu des succès, des honneurs ; mais aujourd'hui je regarde tout cela comme des oripeaux et me confie dans la seule miséricorde de mon Père céleste et dans les mérites de son Fils, Jésus-Christ, notre Sauveur. Les succès et la force dont j'ai joui m'ont rendu orgueilleux, présomptueux. Je comprends tout ce que mon Sauveur a fait pour moi, et moi, je n'ai rien fait pour Lui. Il a eu pitié d'un malheureux endurci et l'a sauvé par grâce ».

L'agonie approchait. La pensée de ce que deviendraient, après sa mort, sa sœur et les autres membres de sa famille, l'avait agité ; mais il les remit entre les mains de Dieu et se sentit rassuré. Il avait désiré pouvoir encore signer ce rapport qui lui avait causé tant de labeur ; mais les documents n'étaient pas tous prêts, et il renonça sans murmure à cette dernière satisfaction. Le détachement était consommé. La fièvre causée par une nouvelle crise le plongea dans le délire. Cependant il retrouva sa connaissance, quand M. K. vint prier auprès de lui, et le mourant dit : « Je vous remercie bien sincère ment de ce que vous venez ainsi nous visiter dans nos épreuves. « Puis, sentant sa fin venir, il demanda qu'on plaçât dans sa main engourdie la *Feuille religieuse* dont le récit l'avait frappé, et d'une voix lente, bien faible, il dit : « Gratuitement, oui, gratuitement. » Ceux qui priaient autour de lui, l'entendirent plusieurs fois murmurer : « Mon Dieu, viens. » Quand les douleurs eurent cessé, les forces aussi étaient épuisées, et le samedi 31 juillet il s'éteignait doucement. Le combat était achevé, le vieux soldat avait remporté la victoire.

N° 414 de la collection.

Paris. — Typ. de Ch. Noblet, 13, rue Cujas.

www.ingramcontent.com/pod-product-compliance
Lightning Source LLC
LaVergne TN
LVHW010250030726
842520LV00007B/2867